MAKKELIJKE RECEPTEN VOOR DE NINJA CREAMI ICE CREAM MAKER

Leuk om een Ninja Creami in huis te hebben. Nu nog een romig en lekker recept vinden om volop te kunnen genieten.
In dit boek zijn 50+ recepten terug te vinden, waaronder klassieke smaken, maar ook vegan recepten en suikervrije opties.
Draaien en smullen maar!

D1720150

Uitgave van #leukbedankt 2023
Nederland

Smullen!

WAT JE MOET WETEN VOOR JE BEGINT -1-

- In verschillende recepten wordt gebruikt gemaakt van suiker. Los de suiker op in verwarmd vloeistof, zoals bijv. melk of water uit het recept, voor je alles invriest. Wil je dit liever niet: vervang de suiker dan door een vloeibare variant of een suikervervanger.
- Volle melk is te vervangen met soja-, haver-, amandel of andere type melk. Kies dan voor optie: Light Ice Cream
- 1/2=half; 1/4=kwart etc.
- Zorg ervoor dat je alles goed mengt voor 24 uur het in de vriezer gaat voor het beste resultaat.
- Maak in het midden van het ijs een gat tot aan de bodem, waar extra toevoegingen worden toegevoegd voor een goede verdeling.

WAT JE MOET WETEN VOOR JE BEGINT -2-

- In de recepten is uitgegaan van maat 0,473 liter pints die worden gebruikt in de Ninja Creami.
- Recepten zijn max. 1-2 weken houdbaar in de vriezer. Re-spin voor een goede consistentie.
- Van alle recepten kunnen milkshakes worden gemaakt: meng 1 bolletje ijs met melk naar keuze en kies optie Milkshake.
- Voel je vrij om te variëren met de hoeveelheid toegevoegde suiker.
- Vervang kokosmelk of slagroom ook eens door (plantaardige) yoghurt of kwark.
- Liever meer proteïne? Voeg proteïne poeder toe aan het recept.

ALLERGIC

CONTAINS
NUTS

DISCLAIMER

Recepten kunnen ingrediënten bevatten, waar mensen allergisch op kunnen reageren, zoals noten, lactose, suiker, vruchten etc.
Controleer altijd alle ingrediënten en vervang het ingrediënt waar nodig is.

IJs is een product wat kcal bevat. Wij zijn niet verantwoordelijk voor het gewicht wat er aan komt na testen van alle recepten en adviseren daarom ook voldoende beweging bij consumptie van de gemaakt producten.

#LEUKBEDANKT

Klassieke recepten

1. Cookies and Cream ijs
2. Salted Caramel ijs
3. Coffee Crunch ijs
4. Peanut Butter Delight ijs
5. Rocky Road ijs
6. Cherry Garcia ijs
7. Coconut Bliss ijs
8. Frambozen Swirl ijs
9. Pistache Droom ijs
10. Frisse Citroen Sorbet
11. Blueberry Cheesecake ijs
12. Matcha Green Tea ijs
13. Banana Split ijs
14. S'mores ijs
15. Maple Pecan ijs

Suikervrije recepten

Vegan recepten

Extra recepten!

41. Honing Vijgen ijs
42. Avocado Limoen ijs
43. Maple Bacon ijs
44. Ginger Lemongrass ijs
45. Balsamico Aardbei ijs
46. Chocolade Chili ijs
47. Earl Grey Lavendel ijs
48. Kokos Curry ijs
49. Perzik Rozemarijn ijs
50. Miso Caramel ijs
51. Kersen Amandel Amaretto ijs
52. Honing Ricotta ijs
53. Brown Butter Pecan ijs
54. Black Sesame ijs
55. Rosewater Pistachio ijs

Klassieke recepten

ROMIG IJS IN POPULAIRE SMAKEN

1. COOKIES AND CREAM IJS

Smaak: Romige vanille met
stukjes chocoladekoekjescrunch

VRIES IN VOOR 24 UUR:
   240 MILLILITER SLAGROOM
   120 MILLILITER VOLLE MELK
   60 GRAM KRISTALSUIKER
   1/2 THEELEPEL VANILLE-EXTRACT

+ LOS DE SUIKER OP IN MELK DOOR VOORZICHTIG TE
VERWARMEN EN KOEL DAARNA WEER AF
+MENG DAARNA ALLE INGREDIENTEN GOED DOOR ELKAAR

NA 24 UUR:
GEBRUIK STAND: ICE CREAM

NIET CREAMY GENOEG?
VOEG NA DE EERSTE SWIRL, EEN SCHEUT
MELK TOE EN RE-SPIN!

VOEG TOE
   1/4 PAK CRUSHED CHOCOLATE COOKIES
KIES +EXTRAS

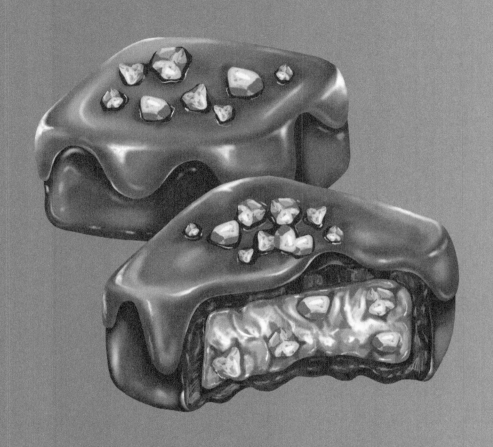

. SALTED CARAMEL IJS

Smaak: Romige karamel met een
vleugje zout voor een perfecte
balans van smaken

VRIES IN VOOR 24 UUR:
240 MILLILITER SLAGROOM
120 MILLILITER VOLLE MELK
75 GRAM KRISTALSUIKER
30 MILLILITER WATER
1/2 THEELEPEL VANILLE-EXTRACT
1/4 THEELEPEL ZEEZOUT

+ LOS DE SUIKER EN ZOUT OP IN MELK DOOR VOORZICHTIG TE
VERWARMEN EN KOEL DAARNA WEER AF
+MENG DAARNA ALLE INGREDIENTEN GOED DOOR ELKAAR

NA 24 UUR:
GEBRUIK STAND: ICE CREAM

NIET CREAMY GENOEG?
VOEG NA DE EERSTE SWIRL, EEN SCHEUT
MELK TOE EN RE-SPIN!

3. COFFEE CRUNCH IJS

Smaak: Zachte koffiesmaak met
een heerlijke crunch van met
chocolade omhulde koffiebonen.

VRIES IN VOOR 24 UUR:
  240 MILLILITER SLAGROOM
  120 MILLILITER VOLLE MELK
  50 GRAM KRISTALSUIKER
  1/2 THEELEPEL VANILLE-EXTRACT
  1 EETLEPELS OPLOSKOFFIE KORRELS

+ LOS DE SUIKER EN OPLOSKOFFIE OP IN MELK DOOR
VOORZICHTIG TE VERWARMEN EN KOEL DAARNA WEER AF
+MENG DAARNA ALLE INGREDIENTEN GOED DOOR ELKAAR

NA 24 UUR:
GEBRUIK STAND: ICE CREAM

NIET CREAMY GENOEG?
VOEG NA DE EERSTE SWIRL, EEN SCHEUT
MELK TOE EN RE-SPIN!

VOEG TOE
  1/2 KOPJE MET CHOCOLADE OMHULDE
KOFFIEBONEN, FIJNGEHAKT
KIES +EXTRAS

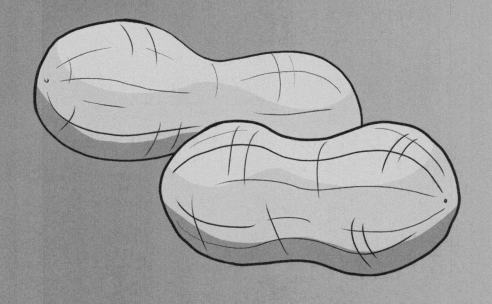

4. PEANUT BUTTER DELIGHT IJS

Smaak: Romige pindakaasijs met
swirls van rijke chocolade fudge

VRIES IN VOOR 24 UUR:
  240 MILLILITER SLAGROOM
  120 MILLILITER VOLLE MELK
  60 GRAM KRISTALSUIKER
  100 GRAM PINDAKAAS

+ LOS DE SUIKER OP IN MELK DOOR VOORZICHTIG TE
VERWARMEN EN KOEL DAARNA WEER AF
+MENG DAARNA ALLE INGREDIENTEN GOED DOOR ELKAAR

NA 24 UUR:
GEBRUIK STAND: ICE CREAM

NIET CREAMY GENOEG?
VOEG NA DE EERSTE SWIRL, EEN SCHEUT
MELK TOE EN RE-SPIN!

VOEG TOE
  60 ML CHOCOLADE FUDGE SAUCE
RIES +EXTRAS

5. ROCKY ROAD IJS (MARSHMALLOW+AMANDELEN)

Smaak: Rijk chocoladeroomijs met zachte marshmallows en knapperige amandelen.

VRIES IN VOOR 24 UUR:
- 240 MILLILITER SLAGROOM
- 120 MILLILITER VOLLE MELK
- 60 GRAM KRISTALSUIKER
- 15 GRAM ONGEZOETE CACAOPOEDER
- 1/2 THEELEPEL VANILLE-EXTRACT
- 1 EETLEPELS OPLOSKOFFIE KORRELS

+ LOS DE SUIKER EN KOFFIE OP IN MELK DOOR VOORZICHTIG TE VERWARMEN EN KOEL DAARNA WEER AF
+ MENG DAARNA ALLE INGREDIENTEN GOED DOOR ELKAAR

NA 24 UUR:
GEBRUIK STAND: ICE CREAM

NIET CREAMY GENOEG?
VOEG NA DE EERSTE SWIRL, EEN SCHEUT MELK TOE EN RE-SPIN!

VOEG TOE
- 1/2 KOPJE MINI-MARSHMALLOWS
- 1/4 KOPJE GEROOSTERDE, GEHAKTE AMANDELEN
KIES +EXTRAS

5. CHERRY GARCIA IJS

Smaak: Romige kersenijs met uitbarstingen van sappige kersen en stukjes pure chocolade.

VRIES IN VOOR 24 UUR:
240 MILLILITER SLAGROOM
120 MILLILITER VOLLE MELK
60 GRAM KRISTALSUIKER
1/2 THEELEPEL VANILLE-EXTRACT

+ LOS DE SUIKER OP IN MELK DOOR VOORZICHTIG TE
VERWARMEN EN KOEL DAARNA WEER AF
+MENG DAARNA ALLE INGREDIENTEN GOED DOOR ELKAAR

NA 24 UUR:
GEBRUIK STAND: ICE CREAM

NIET CREAMY GENOEG?
VOEG NA DE EERSTE SWIRL, EEN SCHEUT
MELK TOE EN RE-SPIN!

VOEG TOE
1/2 KOP VERSE KERSEN, ONTPIT EN
GEHAKT
1/4 KOPJE PURE CHOCOLADE CHUNKS
VRIES +EXTRAS

7. COCONUT BLISS IJS

Smaak: Romige en tropisch met een heerlijke kokossmaak en textuur.

VRIES IN VOOR 24 UUR:
- 240 MILLILITER KOKOSROOM (BLIK)
- 120 MILLILITER KOKOSMELK
- 60 GRAM KRISTALSUIKER
- 1/2 THEELEPEL VANILLE-EXTRACT

+ LOS DE SUIKER OP IN MELK DOOR VOORZICHTIG TE VERWARMEN EN KOEL DAARNA WEER AF
+ MENG DAARNA ALLE INGREDIENTEN GOED DOOR ELKAAR

NA 24 UUR:
GEBRUIK STAND: ICE CREAM

NIET CREAMY GENOEG?
VOEG NA DE EERSTE SWIRL, EEN SCHEUT (KOKOS)MELK TOE EN RE-SPIN!

VOEG TOE
- 30 GRAM GERASPTE KOKOS
KIES +EXTRAS

3. FRAMBOZEN SWIRL IJS

Smaak: Romige vanille met overal
sappige frambozenlinten.

VRIES IN VOOR 24 UUR:
240 MILLILITER SLAGROOM
120 MILLILITER VOLLE MELK
60 GRAM KRISTALSUIKER
1/2 THEELEPEL VANILLE-EXTRACT
1/2 KOPJE VERSE FRAMBOZEN,
GEPUREERD

+ LOS DE SUIKER OP IN MELK DOOR VOORZICHTIG TE
VERWARMEN EN KOEL DAARNA WEER AF
+MENG DAARNA ALLE INGREDIENTEN GOED DOOR ELKAAR

NA 24 UUR:
GEBRUIK STAND: ICE CREAM

NIET CREAMY GENOEG?
VOEG NA DE EERSTE SWIRL, EEN SCHEUT
MELK TOE EN RE-SPIN!

tip: voeg in de extra een half kopje met spin stukjes
witte chocolade toe

9. PISTACHE DROOM IJS

Smaak: nootachtig en romig met een duidelijke pistachesmaak.

VRIES IN VOOR 24 UUR:
- 240 MILLILITER SLAGROOM
- 120 MILLILITER VOLLE MELK
- 60 GRAM KRISTALSUIKER
- 1/2 THEELEPEL AMANDEL-EXTRACT
- 1/2 KOPJE VERSE FRAMBOZEN, GEPUREERD

+ LOS DE SUIKER OP IN MELK DOOR VOORZICHTIG TE VERWARMEN EN KOEL DAARNA WEER AF
+MENG DAARNA ALLE INGREDIENTEN GOED DOOR ELKAAR

NA 24 UUR:
GEBRUIK STAND: ICE CREAM

NIET CREAMY GENOEG?
VOEG NA DE EERSTE SWIRL, EEN SCHEUT MELK TOE EN RE-SPIN!

VOEG TOE
- 1/4 KOPJE GEPELDE PISTACHENOTEN, GEHAKT
KIES +EXTRAS

*tip: houd wat pistachenoten achter voor de garnering

0. FRISSE CITROEN SORBET

Smaak: Verfrissend en fruitige zoetzure smaak van citroen.

RIES IN VOOR 24 UUR:
240 MILLILITER WATER
70 GRAM KRISTALSUIKER
90 MILLILITER CITROENSAP
CITROENRASP VAN 1 CITROEN

+ LOS DE SUIKER OP IN WATER DOOR VOORZICHTIG TE VERWARMEN EN KOEL DAARNA WEER AF
+MENG DAARNA ALLE INGREDIENTEN GOED DOOR ELKAAR

A 24 UUR:
EBRUIK STAND: SORBET

IET CREAMY GENOEG?
OEG NA DE EERSTE SWIRL, EEN SCHEUT
AP OF WATER TOE EN RE-SPIN!

11. BLUEBERRY CHEESECAKE IJS

Smaak: Romige cheesecake ijs met fruitig frisse blauwe bessen en koekjes.

VRIES IN VOOR 24 UUR:
- 240 MILLILITER SLAGROOM
- 120 MILLILITER VOLLE MELK
- 60 GRAM KRISTALSUIKER
- 100 GRAM ZACHTE CREME CHEESE

+ LOS DE SUIKER OP IN MELK DOOR VOORZICHTIG TE VERWARMEN EN KOEL DAARNA WEER AF
+MENG DAARNA ALLE INGREDIENTEN GOED DOOR ELKAAR

NA 24 UUR:
GEBRUIK STAND: ICE CREAM

NIET CREAMY GENOEG?
VOEG NA DE EERSTE SWIRL, EEN SCHEUT MELK TOE EN RE-SPIN!

VOEG TOE
- 1/2 KOP VERSE BLAUWE BESSEN
- 1/4 KOPJE MARIA KOEKJES KRUIMEL OF ANDERE TYPE KOEKJE
KIES +EXTRAS

2. MATCHA GREEN TEA IJS

Smaak: Romig ijs met een diepe ,
typische, matcha smaak.

RIES IN VOOR 24 UUR:
240 MILLILITER SLAGROOM
120 MILLILITER VOLLE MELK
50 GRAM KRISTALSUIKER
1/2 EETLEPEL MATCHA POEDER

+ LOS DE SUIKER OP IN MELK DOOR VOORZICHTIG TE
VERWARMEN EN KOEL DAARNA WEER AF
+MENG DAARNA ALLE INGREDIENTEN GOED DOOR ELKAAR

A 24 UUR:
EBRUIK STAND: ICE CREAM

IET CREAMY GENOEG?
OEG NA DE EERSTE SWIRL, EEN SCHEUT
ELK TOE EN RE-SPIN!

13. BANANA SPLIT IJS

Smaak: Romige vanilleijs met de
zoete smaak van banaan.
chocolade.

VRIES IN VOOR 24 UUR:
- 240 MILLILITER SLAGROOM
- 120 MILLILITER VOLLE MELK
- 60 GRAM KRISTALSUIKER
- 1/2 THEELEPEL VANILLE-EXTRACT
- 1/2 RIJPE BANAAN, GEPLET

+ LOS DE SUIKER OP IN MELK DOOR VOORZICHTIG T
VERWARMEN EN KOEL DAARNA WEER A
+MENG DAARNA ALLE INGREDIENTEN GOED DOOR ELKAA

NA 24 UUR:
GEBRUIK STAND: ICE CREAM

NIET CREAMY GENOEG?
VOEG NA DE EERSTE SWIRL, EEN SCHEUT MELK
TOE EN RE-SPIN!

VOEG TOE NAAR KEUZE:
- 1/4 KOPJE STUKJES AARDBEIEN
- 1/4 KOPJE STUKJES ANANAS
- 1/4 KOPJE STUKJES WALNOTEN
- 1 FLINKE KNEEP CHOCOLADESAUS
KIES +EXTRAS

4. S'MORES IJS

Smaak: Romige rijke smaak van marshmallows, chocolade en koekjes.

VRIES IN VOOR 24 UUR:
240 MILLILITER SLAGROOM
120 MILLILITER VOLLE MELK
60 GRAM KRISTALSUIKER
1/2 THEELEPEL VANILLE-EXTRACT

+ LOS DE SUIKER OP IN MELK DOOR VOORZICHTIG TE
VERWARMEN EN KOEL DAARNA WEER AF
+MENG DAARNA ALLE INGREDIENTEN GOED DOOR ELKAAR

NA 24 UUR:
GEBRUIK STAND: ICE CREAM

NIET CREAMY GENOEG?
VOEG NA DE EERSTE SWIRL, EEN SCHEUT
MELK TOE EN RE-SPIN!

VOEG TOE
1/4 KOPJE GRAHAM CRACKERS
1/4 KOPJE CHOCOLADE CHUNKS
/4 KOPJE MINI MARSHMELLOWS OF IN
STUKJES
VRIES +EXTRAS

15. MAPLE PECAN IJS

Smaak: Romig en rijk ijs met de zoete smaak van maple siroop and krokante stukjes pecan noten.

VRIES IN VOOR 24 UUR:
- 240 MILLILITER SLAGROOM
- 120 MILLILITER VOLLE MELK
- 45 GRAM KRISTALSUIKER
- 60 MILLILITER MAPLE SIROOP

+ LOS DE SUIKER OP IN MELK DOOR VOORZICHTIG TE VERWARMEN EN KOEL DAARNA WEER AF
+MENG DAARNA ALLE INGREDIENTEN GOED DOOR ELKAAR

NA 24 UUR:
GEBRUIK STAND: ICE CREAM

NIET CREAMY GENOEG?
VOEG NA DE EERSTE SWIRL, EEN SCHEUT MELK TOE EN RE-SPIN!

VOEG TOE
- 1/4 KOPJE GEHAKTE PECAN NOTEN
KIES +EXTRAS

Suikervrije recepten

Heerlijke verantwoorde smaken! Deze smaken zijn ook allemaal vegan :)

Vervang amandelmelk evt. door elk ander type (suikervrije) melk variant.

Vervang zoetstof door jouw favoriete versie. Ga uit van ongeveer de zoetheid die nodig is gelijk aan 60 gram suiker, per pint.

16. SUIKERVRIJE AARDBEI BANAAN IJS

Smaak: Ijs met sappige aardbeien en zoetheid van banaan.

VRIES IN VOOR 24 UUR:
- 2 KOPJES BEVROREN AARDBEIEN
- 1 RIJPE BANAAN
- 120 MILLILITER ONGEZOETE AMANDELMELK
- 1 THEELEPEL VANILLE-EXTRACT

NA 24 UUR:
GEBRUIK STAND: LIGHT ICE CREAM

17. SUIKERVRIJE CHOCOLADE IJS

Smaak: rijke smaak van chocolade en vanille ijs.

VRIES IN VOOR 24 UUR:
- 400 MILLILITER ONGEZOETE AMANDELMELK
- 30 GRAM ONGEZOETE CACAO POEDER
- 30 GRAM ERYTHRITOL/SUKRIN OF ANDERE SUIKERVERVANGER, ZOALS 6 GRAM STEVIA
- 1/2 THEELEPEL VANILLE-EXTRACT

+ HEB JE EEN SUIKERVERVANGER IN VASTE VORM? LOS DEZE EERST OP IN MELK DOOR VOORZICHTIG TE VERWARMEN EN KOEL DAARNA WEER AF
+MENG DAARNA ALLE INGREDIENTEN GOED DOOR ELKAAR

NA 24 UUR:
GEBRUIK STAND: LIGHT ICE CREAM

18. SUIKERVRIJE VANILLE IJS

Smaak: Vanille ijs, maar dan zonder suiker.

VRIES IN VOOR 24 UUR:
- 450 MILLILITER ONGEZOETE AMANDELMELK
- 30 GRAM ERYTHRITOL/SUKRIN OF ANDERE SUIKERVERVANGER, ZOALS 6 GRAM STEVIA
- 1/2 THEELEPEL VANILLE-EXTRACT

+ HEB JE EEN SUIKERVERVANGER IN VASTE VORM? LOS DEZE EERST OP IN MELK DOOR VOORZICHTIG TE VERWARMEN EN KOEL DAARNA WEER AF
+MENG DAARNA ALLE INGREDIENTEN GOED DOOR ELKAAR

NA 24 UUR:
GEBRUIK STAND: LIGHT ICE CREAM

19. SUIKERVRIJE KOKOS IJS

Smaak: Geurige tropische kokos ijs.

VRIES IN VOOR 24 UUR;
- 450 MILLILITER ONGEZOETE KOKOSMELK
- 30 GRAM ERYTHRITOL/SUKRIN
OF ANDERE SUIKERVERVANGER, ZOALS 6 GRAM STEVIA
- 1/2 THEELEPEL KOKOS-EXTRACT

+ HEB JE EEN SUIKERVERVANGER IN VASTE VORM?
LOS DEZE EERST OP IN MELK DOOR VOORZICHTIG TE VERWARMEN EN KOEL DAARNA WEER AF
+MENG DAARNA ALLE INGREDIENTEN GOED DOOR ELKAAR

NA 24 UUR:
GEBRUIK STAND: LIGHT ICE CREAM

VOEG TOE
- 2 EETLEPELS KOKOSRASP
KIES +EXTRAS

20. SUIKERVRIJE MINT CHOCOLADE IJS

Smaak: Frisse pepermunt met chocolade ijs.

VRIES IN VOOR 24 UUR:
- 450 MILLILITER ONGEZOETE AMANDELMELK
- 30 GRAM ERYTHRITOL/SUKRIN OF ANDERE SUIKERVERVANGER, ZOALS 6 GRAM STEVIA
- 1 THEELEPEL PEPERMUNT-EXTRACT

+ HEB JE EEN SUIKERVERVANGER IN VASTE VORM? LOS DEZE EERST OP IN MELK DOOR VOORZICHTIG TE VERWARMEN EN KOEL DAARNA WEER AF
+MENG DAARNA ALLE INGREDIENTEN GOED DOOR ELKAAR

NA 24 UUR:
GEBRUIK STAND: LIGHT ICE CREAM

VOEG TOE
- 4 EETLEPELS SUIKERVRIJE CHOCOLADE CHIPS
KIES +EXTRAS

21. SUIKERVRIJE KOFFIE IJS

Smaak: Heerlijke energieke, sterke koffie ijs.

VRIES IN VOOR 24 UUR:
• 450 MILLILITER ONGEZOETE AMANDELMELK
• 15 GRAM ERYTHRITOL/SUKRIN OF ANDERE SUIKERVERVANGER, ZOALS 6 GRAM STEVIA
• 1/2 EETLEPEL INSTANT KOFFIE GRANULES
• 1/2 THEELEPEL VANILLE-EXTRACT

+ HEB JE EEN SUIKERVERVANGER IN VASTE VORM?
LOS DEZE EERST OP IN MELK DOOR VOORZICHTIG TE VERWARMEN EN KOEL DAARNA WEER AF
+VERGEET NIET DE INSTANT KOFFIE GOED OP TE LOSSEN
+MENG DAARNA ALLE INGREDIENTEN GOED DOOR ELKAAR

NA 24 UUR:
GEBRUIK STAND: LIGHT ICE CREAM

22. SUIKERVRIJE FRAMBOZEN IJS

Smaak: Friszoete frambozen ijs.

VRIES IN VOOR 24 UUR:
- 2 KOPJES BEVROREN FRAMBOZEN
- 120 MILLILITER ONGEZOETE KOKOSMELK
- 30 GRAM ERYTHRITOL/SUKRIN
OF ANDERE SUIKERVERVANGER, ZOALS 6
GRAM STEVIA
- 1 THEELEPEL CITROENSAP

+ HEB JE EEN SUIKERVERVANGER IN VASTE VORM?
LOS DEZE EERST OP IN MELK DOOR VOORZICHTIG TE
VERWARMEN EN KOEL DAARNA WEER AF
+MENG DAARNA ALLE INGREDIENTEN GOED DOOR ELKAAR

NA 24 UUR:
GEBRUIK STAND: LIGHT ICE CREAM

23. SUIKERVRIJE PEANUT BUTTER IJS

Smaak: Notige hartige pindakaas ijs.

VRIES IN VOOR 24 UUR:
- 350 MILLILITER ONGEZOETE AMANDELMELK
- 30 GRAM ERYTHRITOL/SUKRIN OF ANDERE SUIKERVERVANGER, ZOALS 6 GRAM STEVIA
- 100 GRAM PINDAKAAS

+ HEB JE EEN SUIKERVERVANGER IN VASTE VORM? LOS DEZE EERST OP IN MELK DOOR VOORZICHTIG TE VERWARMEN EN KOEL DAARNA WEER AF
+MENG DAARNA ALLE INGREDIENTEN GOED DOOR ELKAAR

NA 24 UUR:
GEBRUIK STAND: LIGHT ICE CREAM

24. SUIKERVRIJE CITROEN IJS

Smaak: Friszuur en friszoete citroenijs

VRIES IN VOOR 24 UUR:
- 400 MILLILITER ONGEZOETE AMANDELMELK
- 30 GRAM ERYTHRITOL/SUKRIN OF ANDERE SUIKERVERVANGER, ZOALS 6 GRAM STEVIA
- 1 EETLEPEL CITROEN SAP
- RASP VAN 1 CITROEN

+ HEB JE EEN SUIKERVERVANGER IN VASTE VORM? LOS DEZE EERST OP IN MELK DOOR VOORZICHTIG TE VERWARMEN EN KOEL DAARNA WEER AF
+ MENG DAARNA ALLE INGREDIENTEN GOED DOOR ELKAAR

NA 24 UUR:
GEBRUIK STAND: LIGHT ICE CREAM

25. SUIKERVRIJE BLAUWE BESSEN IJS

Smaak: Mooie paarse zoete bessenijs.

VRIES IN VOOR 24 UUR:
- 2 KOPJES BEVROREN BLAUW BESSEN
- 125 MILLILITER ONGEZOETE AMANDELMELK
- 30 GRAM ERYTHRITOL/SUKRIN OF ANDERE SUIKERVERVANGER, ZOALS 6 GRAM STEVIA
- 1 THEELEPEL CITROEN SAP

+ HEB JE EEN SUIKERVERVANGER IN VASTE VORM? LOS DEZE EERST OP IN MELK DOOR VOORZICHTIG TE VERWARMEN EN KOEL DAARNA WEER AF
+MENG DAARNA ALLE INGREDIENTEN GOED DOOR ELKAAR

NA 24 UUR:
GEBRUIK STAND: LIGHT ICE CREAM

Vegan recepten

Heerlijke vegan recepten!

26. VEGAN CHOCOLADE IJS

Smaak: Romig ijs met een volle chocolade smaak. Nog beter dan de klassieke variant!

VRIES IN VOOR 24 UUR:
- 1 BLIK/400MILLILITER VOLVET KOKOSMELK
- 25 GRAM CACAO POEDER
- 45 GRAM MAPLE SIROOP
- 1/2 THEELEPEL VANILLE EXTRACT
- 1 SNUFJE ZOUT

NA 24 UUR:
GEBRUIK STAND: ICE CREAM

27. VEGAN VANILLE IJS

Smaak: Romige vanille ijs:
klassieke smaak, maar dan vegan!

VRIES IN VOOR 24 UUR:
· 1 BLIK/400MILLILITER VOLVET
KOKOSMELK
· 60 GRAM MAPLE SIROOP
· 1 THEELEPEL VANILLE EXTRACT

NA 24 UUR:
GEBRUIK STAND: ICE CREAM

28. VEGAN AARDBEI IJS

Smaak: Zoete aardbeien, roze romige structuur: klassieke smaak, maar dan vegan!

VRIES IN VOOR 24 UUR:
- 1 BLIK/400MILLILITER VOLVET KOKOSMELK
- 1 KOPJE BEVROREN AARDBEIEN
- 45 GRAM MAPLE SIROOP
- 1 THEELEPEL VANILLE EXTRACT

NA 24 UUR:
GEBRUIK STAND: ICE CREAM

29. VEGAN MINT CHOCOLADE CHIP IJS

Smaak: After-eight, maar dan vegan.

VRIES IN VOOR 24 UUR:
• 1 BLIK/400MILLILITER VOLVET KOKOSMELK
• 50 GRAM MAPLE SIROOP
• 1 THEELEPEL PEPERMUNT EXTRACT

NA 24 UUR:
GEBRUIK STAND: ICE CREAM

VOEG TOE
• HANDJE VEGAN CHOCOLADE CHIPS
KIES +EXTRAS

30. VEGAN PEANUT BUTTER BANANA IJS

Smaak: Notige smaken met zoete banaan: een favoriet!

VRIES IN VOOR 24 UUR:
- 2 RIJPE BANANEN IN STUKJES
- 30 GRAM PINDAKAAS
- 60 MILLILITER AMANDELMELK
- 2 EETLEPELS MAPLE SIROOP

NA 24 UUR:
GEBRUIK STAND: ICE CREAM

31. VEGAN HAZELNOOT CHOCOLADE IJS

Smaak: Zachte hazelnoot in chocolade ijs!

VRIES IN VOOR 24 UUR:
- 1 BLIK/400MILLILITER VOLVET KOKOSMELK
- 40 GRAM MAPLE SIROOP
- 20 GRAM CACAO POEDER
- 20 GRAM HAZELNOOT PASTA (OF NUTELLA)

NA 24 UUR:
GEBRUIK STAND: ICE CREAM

32. VEGAN SALTED CARAMEL PRETZEL IJS

Smaak: Zoete caramel met een vleugje zout met krokante pretzels.

VRIES IN VOOR 24 UUR:
- 1 BLIK/400MILLILITER VOLVET KOKOSMELK
- 60 GRAM MAPLE SIROOP
- 30 GRAM KOKOSSUIKER
- 1/2 THEELEPEL ZOUT

+ LOS DE SUIKER EN ZOUT OP IN MELK DOOR VOORZICHTIG TE VERWARMEN EN KOEL DAARNA WEER AF
+ MENG DAARNA ALLE INGREDIENTEN GOED DOOR ELKAAR

NA 24 UUR:
GEBRUIK STAND: ICE CREAM

VOEG TOE
- HANDJE GEBROKEN PRETZELS
KIES +EXTRAS

33. VEGAN KOKOS LIME IJS

Smaak: Geurige kokos met frisse limoen!

VRIES IN VOOR 24 UUR:
- 1 BLIK/400MILLILITER VOLVET KOKOSMELK
- 60 GRAM MAPLE SIROOP
- RASP VAN 1 LIMOEN
- 1 THEELEPEL KOKOS EXTRACT

NA 24 UUR:
GEBRUIK STAND: ICE CREAM

34. VEGAN BANANEN WALNOOT IJS

Smaak: Zoet banenensmaak met bites van walnoten.

VRIES IN VOOR 24 UUR:
• 1 BLIK/400MILLILITER VOLVET KOKOSMELK
• 30 GRAM MAPLE SIROOP
• 1,5 RIJPE BANAAN

NA 24 UUR:
GEBRUIK STAND: ICE CREAM

VOEG TOE
• HANDJE GEHAKTE WALNOTEN
KIES +EXTRAS

35. VEGAN PISTACHE KARDEMOM IJS

Smaak: Notige pistache met een vleugje kruidige kardemon ijs!

VRIES IN VOOR 24 UUR:
- 1 BLIK/400MILLILITER VOLVET KOKOSMELK
- 60 GRAM MAPLE SIROOP
- 1/4 THEELEPEL KARDEMOMPOEDER

NA 24 UUR:
GEBRUIK STAND: ICE CREAM

VOEG TOE
- HANDJE GEPELDE EN GEHAKTE PISTACHE NOTEN
KIES +EXTRAS

36. VEGAN CINNAMON ROLL IJS

Smaak: Het lekkere kaneel broodje in een ijsje!

VRIES IN VOOR 24 UUR:
- 1 BLIK/400MILLILITER VOLVET KOKOSMELK
- 60 GRAM MAPLE SIROOP
- 1 THEELEPEL KANEELPOEDER

NA 24 UUR:
GEBRUIK STAND: ICE CREAM

- EEN KOPJE VEGAN CINNAMON ROLL IN STUKJES
KIES +EXTRAS

37. VEGAN KOKOS MACARON IJS

Smaak: Kokosijs met stukjes zoete macaron.

VRIES IN VOOR 24 UUR:
- 1 BLIK/400MILLILITER VOLVET KOKOSMELK
- 50 GRAM MAPLE SIROOP
- 15 GRAM CACAOPOEDER
- 15 GRAM KOKOSRASP

NA 24 UUR:
GEBRUIK STAND: ICE CREAM

- EEN KOPJE MACARON IN STUKJES
KIES +EXTRAS

38. VEGAN MANGO ANANAS SORBET

Smaak: Romige vanille ijs: klassieke smaak, maar dan vegan!

VRIES IN VOOR 24 UUR:
• 1 KOPJE MET VERSE OF BEVROREN MANGO STUKJES
• 1 KOPJE GESNEDEN ANANAS
• 60ML KOKOSWATER
• 2 EETLEPELS AGAVE NECTAR

NA 24 UUR:
GEBRUIK STAND: SORBET

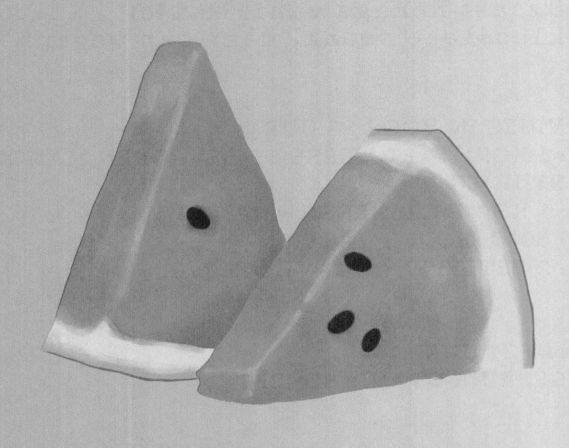

39. VEGAN WATERMELOEN SORBET

Smaak: Dorstlessende watermeloen sorbet. Ultiem voor deze zomer.

VRIES IN VOOR 24 UUR:
- 2 KOPJES MET VERSE WATERMELOEN STUKJES
- 1 KOPJE WATER
- 60 GRAM KRISTALSUIKER
- 1 THEELEPEL LIMOENSAP

+ LOS DE SUIKER OP IN WATER DOOR VOORZICHTIG TE VERWARMEN EN KOEL DAARNA WEER AF
+ MENG DAARNA ALLE INGREDIENTEN GOED DOOR ELKAAR

NA 24 UUR:
GEBRUIK STAND: SORBET

40. VEGAN KIWI SORBET

Smaak: Fris en fruitige sorbet
met een boosts aan vitamine C.

VRIES IN VOOR 24 UUR:
 2 KOPJES MET VERSE KIWI STUKJES
 1 KOPJE WATER
 60 GRAM KRISTALSUIKER
 1 THEELEPEL LIMOENSAP

   + LOS DE SUIKER OP IN WATER DOOR VOORZICHTIG TE
              VERWARMEN EN KOEL DAARNA WEER AF
 +MENG DAARNA ALLE INGREDIENTEN GOED DOOR ELKAAR

NA 24 UUR:
GEBRUIK STAND: SORBET

Extra recepten!

BIJZONDERE RECEPTEN MET VERRASSENDE SMAKEN

41. HONING VIJGEN IJS

Smaak: Geurige zoete honing met zachte volle vijgen smaak.

VRIES IN VOOR 24 UUR:
  240 MILLILITER SLAGROOM
  120 MILLILITER VOLLE MELK
  50 GRAM KRISTALSUIKER
  2 EETLEPELS HONING

  + LOS DE SUIKER OP IN MELK DOOR VOORZICHTIG TE
      VERWARMEN EN KOEL DAARNA WEER AF
  +MENG DAARNA ALLE INGREDIENTEN GOED DOOR ELKAAR

NA 24 UUR:
GEBRUIK STAND: ICE CREAM

NIET CREAMY GENOEG?
VOEG NA DE EERSTE SWIRL, EEN SCHEUT
MELK TOE EN RE-SPIN!

VOEG TOE
2 TOT 3 KOPJES RIJPE GESNEDEN VIJGEN
VRIES +EXTRAS

42. AVOCADO LIMOEN IJS

Smaak: Romige avocado met friszure limoen.

VRIES IN VOOR 24 UUR:
- 1 RIJPE AVOCADO IN STUKJES
- 100 GRAM GECONDENSEERDE MELK
- 150 MILLILITER SLAGROOM
- 100 MILLILITER VOLLE MELK
- RASP VAN 1/2 LIMOEN
- SAP VAN 1 LIMOEN

NA 24 UUR:
GEBRUIK STAND: ICE CREAM

NIET CREAMY GENOEG?
VOEG NA DE EERSTE SWIRL, EEN SCHEUT MELK TOE EN RE-SPIN!

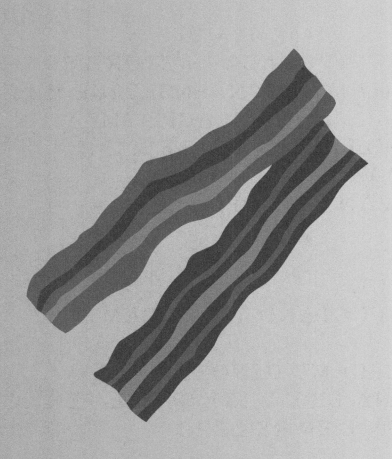

3. MAPLE BACON IJS

Smaak: Zoetige smaak van maple
siroop met de hartige bacon
smaak.

VRIES IN VOOR 24 UUR:
240 MILLILITER SLAGROOM
120 MILLILITER VOLLE MELK
60 GRAM KRISTALSUIKER
2 EETLEPELS MAPLE SIROOP
1/2 THEELEPEL VANILLE-EXTRACT

+ LOS DE SUIKER OP IN MELK DOOR VOORZICHTIG TE
VERWARMEN EN KOEL DAARNA WEER AF
+MENG DAARNA ALLE INGREDIENTEN GOED DOOR ELKAAR

NA 24 UUR:
GEBRUIK STAND: ICE CREAM

NIET CREAMY GENOEG?
VOEG NA DE EERSTE SWIRL, EEN SCHEUT
MELK TOE EN RE-SPIN!

VOEG TOE
1/2 KOPJE GESNEDEN, KROKANT
GEBAKKEN BACON STUKJES
KIES +EXTRAS

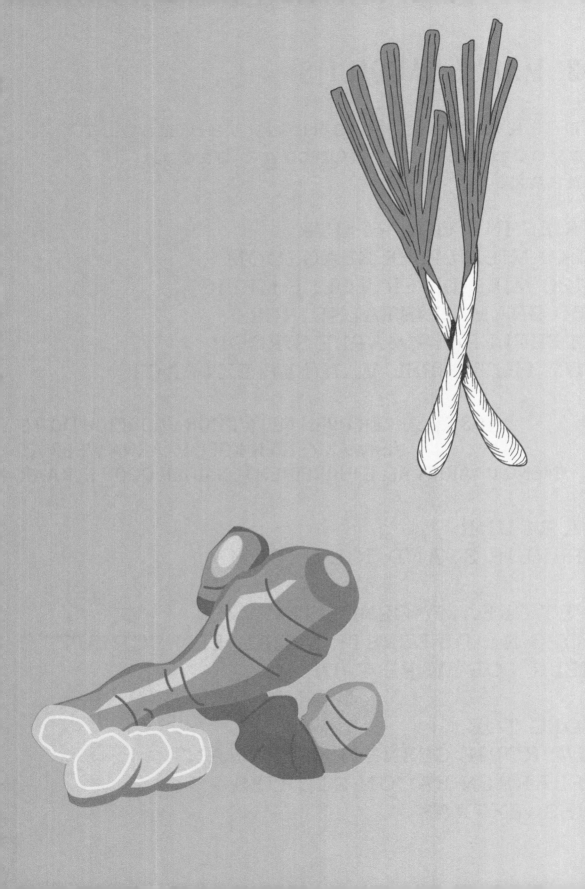

44. GINGER LEMONGRASS IJS

Smaak: Pittige gember met de kruidige zure citroengras.

VRIES IN VOOR 24 UUR:
- 240 MILLILITER SLAGROOM
- 120 MILLILITER VOLLE MELK
- 60 GRAM KRISTALSUIKER
- 1 STUK LIMOENGRAS
- 1 STUK GEMBER GESNEDEN
- RASP VAN EEN HALVE CITROEN

+LOS DE SUIKER OP IN MELK DOOR VOORZICHTIG TE VERWARMEN
+ VERWARM LIMOENGRAS, GEMBER MEE, TOT DE SMAKEN VAN ZIJN INGETROKKEN EN KOEL WEER AF.
+ZEEF DE LIMOENGRAS EN GEMBER ERUIT
+MENG DAARNA ALLE INGREDIENTEN GOED DOOR ELKAAR

NA 24 UUR:
GEBRUIK STAND: ICE CREAM

NIET CREAMY GENOEG?
VOEG NA DE EERSTE SWIRL, EEN SCHEUT MELK TOE EN RE-SPIN!

5. BALSAMICO AARDBEI IJS

maak: Fruitig zoete aarbei met
e specifieke zure smaak van
alsamico, om de aardbei beter te
aten smaken.

RIES IN VOOR 24 UUR:
240 MILLILITER SLAGROOM
120 MILLILITER VOLLE MELK
60 GRAM KRISTALSUIKER
2 EETLEPELS BALSAMICO AZIJN

+ LOS DE SUIKER OP IN MELK DOOR VOORZICHTIG TE
VERWARMEN EN KOEL DAARNA WEER AF
+MENG DAARNA ALLE INGREDIENTEN GOED DOOR ELKAAR

A 24 UUR:
EBRUIK STAND: ICE CREAM

IET CREAMY GENOEG?
OEG NA DE EERSTE SWIRL, EEN SCHEUT
ELK TOE EN RE-SPIN!

OEG TOE
1 KOPJE VERS GESNEDEN AARDBEIEN
IES +EXTRAS

46. CHOCOLADE CHILI IJS

Smaak: Chocolade met een bite!

VRIES IN VOOR 24 UUR:
- 240 MILLILITER SLAGROOM
- 120 MILLILITER VOLLE MELK
- 60 GRAM KRISTALSUIKER
- 1 THEELEPEL CHILI POEDER

+ LOS DE SUIKER OP IN MELK DOOR VOORZICHTIG TE
VERWARMEN EN KOEL DAARNA WEER AF
+MENG DAARNA ALLE INGREDIENTEN GOED DOOR ELKAAR

NA 24 UUR:
GEBRUIK STAND: ICE CREAM

NIET CREAMY GENOEG?
VOEG NA DE EERSTE SWIRL, EEN SCHEUT
MELK TOE EN RE-SPIN!

VOEG TOE
- 100 GRAM GEHAKTE PURE CHOCOLADE
KIES +EXTRAS

47. EARL GREY LAVENDEL IJS

Smaak: Lichte smaak van earl grey thee met een hint lavendel.

VRIES IN VOOR 24 UUR:
240 MILLILITER SLAGROOM
120 MILLILITER VOLLE MELK
60 GRAM KRISTALSUIKER
2 THEEZAKJES EARL GREY THEE
1 THEELEPELS LAVENDEL

+ LOS DE SUIKER OP IN MELK DOOR VOORZICHTIG TE VERWARMEN EN VOEG DE THEEZAKJES EN LAVENDEL TOE OM THEE TE TREKKEN EN KOEL DAARNA WEER AF
+ZEEF DE BLOEMETJES EN THEEZAKJES ERUIT
+MENG DAARNA ALLE INGREDIENTEN GOED DOOR ELKAAR

NA 24 UUR:
GEBRUIK STAND: ICE CREAM

NIET CREAMY GENOEG?
VOEG NA DE EERSTE SWIRL, EEN SCHEUT MELK TOE EN RE-SPIN!

48. KOKOS CURRY IJS

Smaak: een smaak die niemand verwacht van ijs! Kruidig en hartig.

VRIES IN VOOR 24 UUR:
- 240 MILLILITER SLAGROOM
- 150 MILLILITER KOKOSMELK
- 60 GRAM KRISTALSUIKER
- 2 THEELEPELS CURRY POEDER

+ LOS DE SUIKER OP IN MELK DOOR VOORZICHTIG TE VERWARMEN EN KOEL DAARNA WEER AF
+MENG DAARNA ALLE INGREDIENTEN GOED DOOR ELKAAR

NA 24 UUR:
GEBRUIK STAND: ICE CREAM

NIET CREAMY GENOEG?
VOEG NA DE EERSTE SWIRL, EEN SCHEUT MELK TOE EN RE-SPIN!

VOEG TOE
·VOEG INDIEN GEWENST GEWELDE ROZIJNEN TOE
KIES +EXTRAS

49. PERZIK ROZEMARIJN IJS

Smaak: Zachte perziksmaak met kruidige rozemarijn ijs.

VRIES IN VOOR 24 UUR:
240 MILLILITER SLAGROOM
120 MILLILITER VOLLE MELK
60 GRAM KRISTALSUIKER
1/2 THEELEPEL FIJNGEHAKTE ROZEMARIJN

+ LOS DE SUIKER OP IN MELK DOOR VOORZICHTIG TE VERWARMEN, VOEG ROZEMARIJN TOE OM OP SMAAK TE BRENGEN EN KOEL DAARNA WEER AF
+MENG DAARNA ALLE INGREDIENTEN GOED DOOR ELKAAR

NA 24 UUR:
GEBRUIK STAND: ICE CREAM

NIET CREAMY GENOEG?
VOEG NA DE EERSTE SWIRL, EEN SCHEUT MELK TOE EN RE-SPIN!

VOEG TOE
2 RIJPE PERZIKEN, IN STUKJES
KIES +EXTRAS

50. MISO CARAMEL IJS

Smaak: Lichte zoute miso in combinatie met zoete caramel ijs.

VRIES IN VOOR 24 UUR:
- 240 MILLILITER SLAGROOM
- 120 MILLILITER VOLLE MELK
- 60 GRAM KRISTALSUIKER
- 1 GROTE THEELEPEL WITTE MISO
- 30MILLILITER CARAMELSAUS

+ LOS DE SUIKER OP IN MELK DOOR VOORZICHTIG TE VERWARMEN, VOEG MISO TOE, EN KOEL DAARNA WEER AF
+MENG DAARNA ALLE INGREDIENTEN GOED DOOR ELKAAR

NA 24 UUR:
GEBRUIK STAND: ICE CREAM

NIET CREAMY GENOEG?
VOEG NA DE EERSTE SWIRL, EEN SCHEUT MELK TOE EN RE-SPIN!

51. KERSEN AMANDEL AMARETTO IJS

Smaak: Romige kersenijs met
amaretto en krokantje van
amandelen.

VRIES IN VOOR 24 UUR:
240 MILLILITER SLAGROOM
120 MILLILITER VOLLE MELK
60 GRAM KRISTALSUIKER
2 EETLEPEL AMARETTO LIKEUR

+ LOS DE SUIKER OP IN MELK DOOR VOORZICHTIG TE
VERWARMEN EN KOEL DAARNA WEER AF
+MENG DAARNA ALLE INGREDIENTEN GOED DOOR ELKAAR

NA 24 UUR:
GEBRUIK STAND: ICE CREAM

NIET CREAMY GENOEG?
VOEG NA DE EERSTE SWIRL, EEN SCHEUT
MELK TOE EN RE-SPIN!

VOEG TOE
1 KOPJE VERSE OF BEVROREN KERSEN,
ONTPIT EN GEHAKT
1 KLEIN HANDJE GEHAKTE AMANDELEN
KIES +EXTRAS

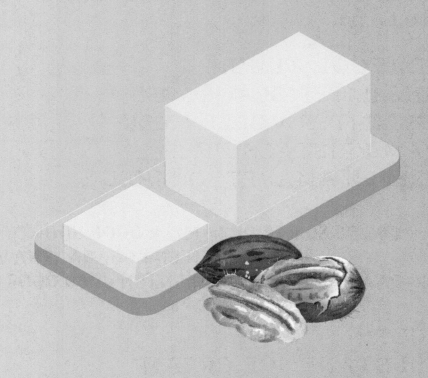

53. BROWN BUTTER PECAN IJS

Smaak: Caramelachtige gebrande smaak met krokant notige pecannoten.

VRIES IN VOOR 24 UUR:
- 240 MILLILITER SLAGROOM
- 120 MILLILITER VOLLE MELK
- 60 GRAM KRISTALSUIKER
- 2 EETLEPELS GESMOLTEN ONGEZOUTEN BOTER
- 1/2 THEELEPEL VANILLE-EXTRACT

+ LOS DE SUIKER OP IN MELK DOOR VOORZICHTIG TE VERWARMEN EN KOEL DAARNA WEER AF
+MENG DAARNA ALLE INGREDIENTEN GOED DOOR ELKAAR

NA 24 UUR:
GEBRUIK STAND: ICE CREAM

NIET CREAMY GENOEG?
VOEG NA DE EERSTE SWIRL, EEN SCHEUT MELK TOE EN RE-SPIN!

VOEG TOE
 1/2 GEHAKT PECANNOTEN
KIES +EXTRAS

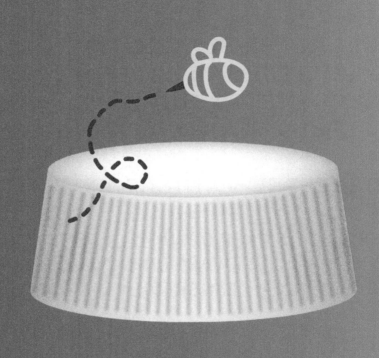

53. HONEY RICOTTA IJS

Smaak: Romige frisse ricotta met
een hint aan honing ijs.

VRIES IN VOOR 24 UUR:
  200 MILLILITER SLAGROOM
  120 MILLILITER VOLLE MELK
  80 MILILITER HONING
  120 GRAM RICOTTA

NA 24 UUR:
GEBRUIK STAND: ICE CREAM

NIET CREAMY GENOEG?
VOEG NA DE EERSTE SWIRL, EEN SCHEUT
MELK TOE EN RE-SPIN!

54. BLACK SESAME IJS

Smaak: Nootachtige zwarte sesam met de gladde ijsstructuur.

VRIES IN VOOR 24 UUR:
- 240 MILLILITER SLAGROOM
- 120 MILLILITER VOLLE MELK
- 60 GRAM KRISTALSUIKER
- 2 EETLEPELS ZWARTE SESAM
- 1/2 THEELEPEL VANILLE-EXTRACT

+ LOS DE SUIKER OP IN MELK DOOR VOORZICHTIG TE VERWARMEN EN KOEL DAARNA WEER AF
+ MENG DAARNA ALLE INGREDIENTEN GOED DOOR ELKAAR

NA 24 UUR:
GEBRUIK STAND: ICE CREAM

NIET CREAMY GENOEG?
VOEG NA DE EERSTE SWIRL, EEN SCHEUT MELK TOE EN RE-SPIN!

55. ROSEWATER PISTACHIO IJS

Smaak: Bloemige rozen met aromatisch smaak van pistachenoten.

VRIES IN VOOR 24 UUR:
240 MILLILITER SLAGROOM
120 MILLILITER VOLLE MELK
60 GRAM KRISTALSUIKER
1 EETLEPEL ROZENWATER

+ LOS DE SUIKER OP IN MELK DOOR VOORZICHTIG TE
VERWARMEN EN KOEL DAARNA WEER AF
+MENG DAARNA ALLE INGREDIENTEN GOED DOOR ELKAAR

NA 24 UUR:
GEBRUIK STAND: ICE CREAM

NIET CREAMY GENOEG?
VOEG NA DE EERSTE SWIRL, EEN SCHEUT
MELK TOE EN RE-SPIN!

VOEG TOE
1/2 KOPJE GEHAKTE EN PISTACHE NOTEN
KIES +EXTRAS

#leukbedankt

Leuk,
bedankt!

Printed by Amazon Italia Logistica S.r.l.
Torrazza Piemonte (TO), Italy

53372632R00074